GRAPHIC LIBRARY®

en español

CIENCIA GRÁFICA

T0060937

LECCIONES SOBRE LA SEGURIDAD EN EL TRABAJO CIENTÍFICO

CON

MAX AXIOM®

SUPERCIENTÍFICO

por Donald B. Lemke y Thomas K. Adamson

ilustrado por Tod Smith y Bill Anderson

Consultor:

Ron Browne, PhD

Profesor Adjunto de Educación Primaria

Minnesota State University, Mankato

CAPSTONE PRESS

a capstone imprint

Graphic Library is published by Capstone Press,
1710 Roe Crest Drive, North Mankato, Minnesota 56003
www.capstonepub.com

Copyright © 2013 by Capstone Press, a Capstone imprint. All rights reserved. No part of this publication may
be reproduced in whole or in part, or stored in a retrieval system, or transmitted in any form or by any means,
electronic, mechanical, photocopying, recording, or otherwise, without written permission of the publisher.

Library of Congress Cataloging-in-Publication Data
Lemke, Donald B., author.
 [Lessons in science safety with Max Axiom, super scientist. Spanish]
 Lecciones sobre la seguridad en el trabajo cientifico con Max Axiom, supercientífico/ por
Donald B. Lemke y Thomas K. Adamson ; ilustrado por Tod Smith y Bill Anderson.
    pages cm. — (Graphic library en espanol. Ciencia gráfica)
 Audience: Grade 4 to 6
 Includes index.
 ISBN 978-1-62065-183-4 (library binding)
 ISBN 978-1-62065-979-3 (paperback)
 ISBN 978-1-4765-1622-6 (ebook PDF)
1. Science—Experiments—Safety measures—Comic books, strips, etc.—Juvenile literature.
2. Laboratories—Safety measures—Comic books, strips, etc.—Juvenile literature.
I. Adamson, Thomas K., 1970- author. II. Smith, Tod, illustrator. III. Anderson, Bill, 1963-
illustrator. IV. Title.
Q182.3.L34718 2013
507.8—dc23   2012022632

Summary: In graphic novel format, follows the adventures of Max Axiom as he explains the
importance of science safety—in Spanish

Art Director and Designer
Bob Lentz

Cover Artist
Tod Smith

Colorist
Otha Zackariah Edward Lohse

Spanish Book Designer
Eric Manske

Editor
Christopher L. Harbo

Translation Services
Strictly Spanish

Production Specialist
Laura Manthe

TABLA DE CONTENIDOS

SECCIÓN 1

PREPARARSE PARA EL LABORATORIO---4

SECCIÓN 2

TRABAJAR DE FORMA SEGURA ---------- 8

SECCIÓN 3

CÓMO MANEJAR ACCIDENTES------------16

SECCIÓN 4

LIMPIEZA-------------------------------------24

Más sobre Seguridad en el trabajo científico y Max Axiom..........28-29
Glosario.. 30
Sitios de Internet... 31
Índice 32

Está bien. De hecho, Billy recién nos enseñó una lección. La regla número uno en un laboratorio es preguntar a un adulto si tienes una pregunta.

Los experimentos científicos son divertidos, pero también pueden ser peligrosos. Hacer preguntas y seguir las reglas harán que tu día sea seguro y exitoso.

Siempre sigue las instrucciones de tu supervisor.

Usa la ropa correcta.

Aprende a usar el equipo de laboratorio correctamente.

Sabe cómo manejar una emergencia.

Nunca juegues en el laboratorio.

KLIK!

KLIK!

Ahora, volviendo al contenido del maletín. Para descubrir algo en ciencias, primero debemos observar.

Este maletín está lleno de equipo de seguridad. Las gafas de seguridad son posiblemente el artículo más importante. Nos protegen los ojos de salpicaduras y objetos voladores.

ROPA DE PROTECCIÓN PARA EXPERIMENTOS SEGUROS

Billy, ¿por qué no vienes adelante y te los pruebas?

Cada experimento requiere ropa de protección diferente.

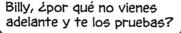

ROPA DE PROTECCIÓN PARA EXPERIMENTO SEGUROS

Este delantal nos protege el cuerpo y la ropa contra derrames. Estos guantes nos resguardan las manos contra gérmenes.

La ropa de laboratorio deber calzar adecuadamente. No debe ser abultada ni holgada.

Hmmm... Tener el equipo correcto no es la única clave para la protección contra accidentes.

¡JA! ¡JA! ¡JA!

Traigamos a mi amiga la Dra. Bergman al holograma. Nos puede enseñar aún más sobre la ropa de protección. Como bióloga, usa esta ropa todos los días.

¿Está ahí, Dra. Bergman?

¡Hola, Max!

Mientras estudiamos virus en el laboratorio, me visto adecuadamente para estar segura. Mis pies están cubiertos. Mi cabello está atado hacia atrás. Y mis mangas largas están enrolladas hacia arriba.

Pero, Max, sus estudiantes parecen estar más adelantados que yo.

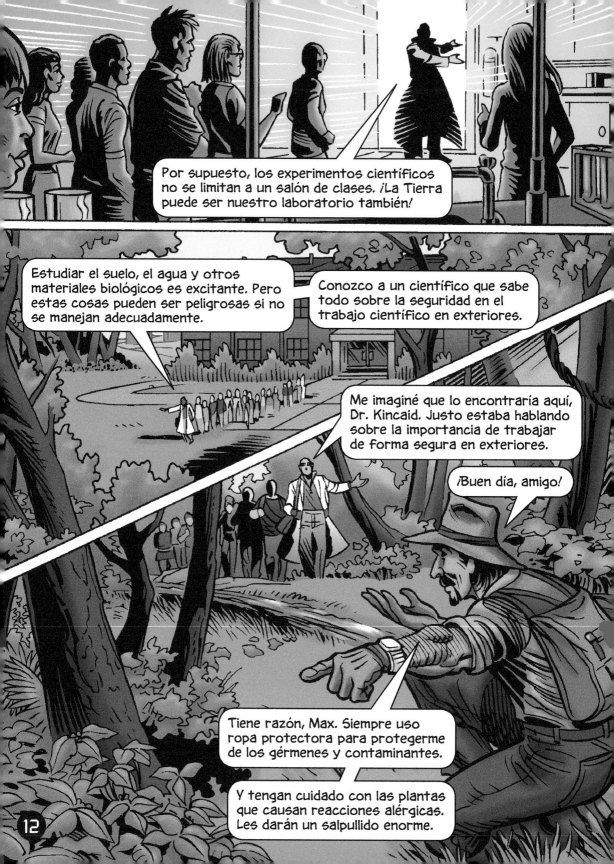

Por supuesto, los experimentos científicos no se limitan a un salón de clases. ¡La Tierra puede ser nuestro laboratorio también!

Estudiar el suelo, el agua y otros materiales biológicos es excitante. Pero estas cosas pueden ser peligrosas si no se manejan adecuadamente.

Conozco a un científico que sabe todo sobre la seguridad en el trabajo científico en exteriores.

Me imaginé que lo encontraría aquí, Dr. Kincaid. Justo estaba hablando sobre la importancia de trabajar de forma segura en exteriores.

¡Buen día, amigo!

Tiene razón, Max. Siempre uso ropa protectora para protegerme de los gérmenes y contaminantes.

Y tengan cuidado con las plantas que causan reacciones alérgicas. Les darán un salpullido enorme.

También, usen siempre los recipientes correctos para sellar cualquier espécimen que recolecten. Algunos deben estar bien ajustados mientras que otros necesitan aire para respirar.

¿Le parece que le gusta su nuevo hogar, Profesor Axiom?

Sí, ¡no quisiéramos que se muera!

Creo que le hemos dado el hábitat adecuado, Laura. Pero todos debemos ayudar a mantener su alimento y agua limpios.

Ustedes necesitan ser responsables con todos los experimentos científicos.

Ahora veamos los experimentos en los que están trabajando hoy. Tenemos nuestras instrucciones. Parece que va a ser un gran experimento.

¡Genial! ¿Vamos a poder comernos el chocolate una vez que terminemos?

Me temo que no. No pienses en esto como chocolate. Es un experimento científico. Y no comemos experimentos científicos.

¡Qué mala suerte!

Primero, vamos a calentar un vaso de precipitados en el calentador.

Antes de enchufar el calentador, me tengo que asegurar que mis manos estén secas. Mientras esperamos que esto se caliente, veamos cómo un químico de sabores maneja esta situación.

¿Por qué simplemente no puedo desenchufar el calentador?

Porque la electricidad y el agua no se mezclan. El agua conduce la electricidad. Si desenchufan un cable eléctrico con manos mojadas, podrían electrocutarse.

DATO RÁPIDO:

El cuerpo humano está formado mayormente por agua. Por lo tanto tu cuerpo conduce electricidad. Es por eso que debes tener cuidado alrededor de dispositivos eléctricos.

Miren a la Dra. López.

Su estación de trabajo está organizada y seca. Aún si ella ha derramado algo, se limpió enseguida. Ese es un lugar seguro para hacer ciencias.

17

19

Recuerdo una vez que un estudiante se quemó en el laboratorio.

El estudiante pensó que el calentador estaba frío. Tocó el calentador al levantarlo.

Puse su mano bajo el agua fría.

Su piel estaba roja pero por lo demás bien. Aunque necesitó un poco de ungüento por unos pocos días.

DETENTE, TÍRATE AL SUELO Y RUEDA

ACCESO AUTORIZADO: MAX AXIOM

Si tus ropas se prenden fuego, necesitas apagar las llamas rápidamente. Tres pasos sencillos pueden salvar tu vida. Deja de hacer lo que estabas haciendo. Tírate al suelo. Rueda tu cuerpo para apagar las llamas.

Cada laboratorio de ciencias debe tener dos salidas. ¿Por qué? En caso que todos tengan que salir rápidamente o en caso de que una salida esté bloqueada por el fuego.

SALIDA

Cada laboratorio de ciencias debe tener un kit de primeros auxilios. En él hay vendas, crema de primeros auxilios, compresas frías y una cantidad de otras cosas para emergencias menores.

Miren qué prolijo está guardado todo el equipo. Esto promueve un lugar de trabajo eficiente y seguro para trabajar en ciencias.

Está muy bien que hayas preguntado para estar seguro. Algunos artículos no pueden verterse en el desagüe.

Aún si algo parece inofensivo, podría haber una muy buena razón para no desecharlo en el fregadero. Este chocolate podría ser dañino para las tuberías de la escuela.

Todo debe desecharse correctamente. Los científicos tratan de mantener no solo las tuberías del edificio seguras sino también el medio ambiente.

SÍMBOLOS DE PELIGRO

ACCESO AUTORIZADO: MAX AXIOM

INFLAMABLE	CORROSIVO	VENENOSO	PELIGRO BIOLÓGICO	FILOSOS

Los símbolos de peligro advierten a la gente que los químicos y objetos son peligrosos. Reconocer estos símbolos y permanecer lejos de los artículos a los que se aplican pueden mantenerlos seguros.

Y no te olvides, cada salón de clases es diferente.

Siempre sigue las instrucciones de seguridad específicas de tu supervisor.

Cada experimento es una nueva experiencia. Nunca sabes qué sucederá a continuación.

WHHUMP!

MÁS SOBRE
SEGURIDAD EN EL TRABAJO CIENTÍFICO

Antes de comenzar un experimento de laboratorio, asegúrate de comprender las instrucciones completamente. Si tu maestro explica las instrucciones, escucha atentamente. Haz preguntas si no entiendes. Si las instrucciones están escritas, léelas cuidadosamente y sigue cada paso exactamente. Si tienes preguntas durante el experimento, pregunta a tu maestro.

Puede que no estén de moda, pero las gafas de seguridad deben usarse en todo momento en el laboratorio. Para la mejor protección usa gafas que protegen tus ojos de salpicaduras químicas y objetos voladores. Estas gafas siempre están etiquetadas con el código ANSI Z87.1.

¡En este momento tu cuerpo tiene más gérmenes en él que la cantidad de personas que viven en Estados Unidos! Lavar tus manos por lo menos por 20 segundos es la mejor manera de prevenir que millones de gérmenes pasen a tu boca, nariz y ojos.

Los científicos medioambientales hacen pruebas del suelo y agua para detectar contaminantes. En 1989, el Exxon Valdez tuvo un accidente y derramó petróleo en Prince William Sound, Alaska. Usando ropas protectoras, los científicos medioambientales ayudaron a determinar los mejores métodos de limpieza. Con su ayuda, el área está lentamente volviendo a ser un medio ambiente saludable.

Aprender sobre animales es divertido, pero maneja animales de laboratorio solo si tu maestro te da permiso. Si un animal de laboratorio te muerde o rasguña, asegúrate de informar a tu maestro inmediatamente. Además, lava tus manos antes y después de tocar al animal. Lavar tus manos te protege de pasar gérmenes a otros o recibir gérmenes del animal.

Los científicos usan equipo de seguridad para el tipo de ciencias que están practicando. Los científicos que estudian volcanes algunas veces usan trajes plateados para todo el cuerpo. Estos trajes tiene un revestimiento metal que refleja el calor intenso de la lava derretida. Los científicos que estudian tiburones algunas veces usan trajes para tiburones cuando bucean. Estos trajes está hechos de malla de acero que protege contra mordeduras de tiburones.

Algunos guantes de protección están hechos de látex. Este material puede causar una reacción alérgica en algunas personas. Si experimentas un salpullido o picazón mientras usas guantes de látex, informa a tu supervisor.

MÁS SOBRE

MaxAxiom
SUPERCIENTÍFICO

Nombre real: Maxwell J. Axiom
Ciudad natal: Seattle, Washington
Estatura: 6' 1"   **Peso:** 192 lbs
Ojos: Marrón   **Cabello:** No tiene

Supercapacidades: Superinteligencia; capaz de encogerse al tamaño de un átomo; los anteojos le dan visión de rayos X; la bata de laboratorio le permite viajar a través del tiempo y el espacio.

Origen: Desde su nacimiento, Max Axiom parecía destinado a la grandeza. Su madre, una bióloga marina, le enseñó a su hijo sobre los misterios del mar. Su padre, un físico nuclear y guardabosques voluntario, le enseñó a Max sobre las maravillas de la Tierra y el cielo.

Un día durante una caminata en áreas silvestres, un rayo mega-cargado golpeó a Max con furia cegadora. Cuando se despertó, Max descubrió una nueva energía y se dispuso a aprender todo lo posible sobre la ciencia. Viajó por el planeta y obtuvo grados universitarios en cada aspecto del campo científico. Al volver, estaba listo para compartir su conocimiento y nueva identidad con el mundo. Se había transformado en Max Axiom, supercientífico.

el biólogo—un científico que estudia seres vivos

contaminado—sucio o no apto para el uso

corrosivo—capaz de destruir o consumir algo poco a poco

el espécimen—una muestra que un científico estudia
de cerca

filosos—cuchillos, agujas y vidrio roto

los gérmenes—seres vivientes pequeños que causan
enfermedades; bacterias y virus son dos tipos comunes
de gérmenes

el hábitat—el lugar y las condiciones naturales donde vive
un animal

inflamable—capaz de quemarse

el látex—un líquido lechoso que proviene de ciertas plantas;
el látex se usa para hacer caucho

peligro biológico—un agente biológico, como la sangre
o los fluidos corporales, que podrían transmitir
enfermedades infecciosas

la porcelana—una cerámica dura que se hace vidriando y
secando al horno la arcilla

el químico—un científico que estudia o trabaja con químicos

reacción alérgica—estornudar, ojos llorosos, inflamación o
salpullidos causados por contacto con plantas, animales o
la sustancias

venenoso—capaz de matar o hacer daño si se ingiere, inhala
o toca

SITIOS DE INTERNET

FactHound brinda una forma segura y divertida de encontrar sitios de Internet relacionados con este libro. Todos los sitios en FactHound han sido investigados por nuestro personal.

Esto es todo lo que tienes que hacer:

Visita *www.facthound.com*

Ingresa este código: 9781620651834

¡Algo súper divertido! Hay proyectos, juegos y mucho más en www.capstonekids.com

Índice

accidentes, 6, 8, 16–23, 26, 28
  derrames, 6, 16
  fuegos, 20, 21, 22, 23
  quemaduras, 21
  vidrio roto, 16, 18
alergias, 12, 29
alimentos y bebidas, 8–9
animales, 13, 28

contaminantes, 12, 28
contenedores resistentes al calor, 15
cuchillos, 19

desperdicio de laboratorio, 24–25
detente, tírate al suelo y rueda, 21

electricidad, 16, 17, 20
emergencias, 5, 23
equipo de seguridad
  delantales, 6
  estaciones de enjuague de ojos, 22
  extintores de fuego, 20, 22
  guantes, 6, 23, 29
  kits de primeros auxilios, 23
  mantas contra fuego, 22
estaciones organizadas de trabajo,
  8–9, 17, 24
etiquetar envases, 11
experimentos, 5, 6, 8, 10, 11, 12,
  13, 14, 15, 24, 27, 28

filosos, 18–19, 25

gafas de seguridad, 6, 28
gases, 11
gérmenes, 6, 7, 9, 12, 26, 28

hacer preguntas, 5, 28

instrucciones, 5, 8, 10, 14, 27, 28

lavado de manos, 26, 28
limpieza, 24–25, 28

materiales biológicos, 12–13, 28

placa caliente, 14–15, 16, 17, 21

químicos, 10–11, 16, 25, 28

reglas, 5
ropa protectora, 6–7, 8, 12, 28, 29

salidas, 23
símbolos de peligro, 25

vaso de precipitados, 10, 14, 15